LUIZ FERNANDO CINTRA

OS PRIMEIROS CRISTÃOS

3ª edição

@editoraquadrante
@editoraquadrante
@quadranteeditora
Quadrante

QUADRANTE

São Paulo
2024

Copyright © 1991 Quadrante Editora

Capa
Provazi Design

Dados Internacionais de Catalogação na Publicação (CIP)

Cintra, Luiz Fernando
 Os primeiros cristãos / Luiz Fernando Cintra — 3ª ed. — São Paulo: Quadrante, 2024.

ISBN: 978-85-7465-592-5

1. Cristianismo – Origem I. Título

CDD-270

Índice para catálogo sistemático:
Cristianismo : Origem 270

Todos os direitos reservados a
QUADRANTE EDITORA
Rua Bernardo da Veiga, 47 - Tel.: 3873-2270
CEP 01252-020 - São Paulo - SP
www.quadrante.com.br / atendimento@quadrante.com.br

SUMÁRIO

INTRODUÇÃO 5

EXPANSÃO UNIVERSAL DO
    CRISTIANISMO 7

A VIDA DOS PRIMEIROS CRISTÃOS 33

NOTAS 91

INTRODUÇÃO

Há mais de dois mil anos que o cristianismo existe. É bastante tempo para os homens, mas pouco para Deus, diante de quem *mil anos são como um só dia* (2 Pe 3, 8). Muito tempo, se pensamos na riqueza de eventos e personagens da história da Igreja; pouco, se nos damos conta de que a mesma fé, a mesma verdade, os mesmos sacramentos são os professados e vividos na origem do cristianismo e agora.

Por esse duplo fator — distância temporal aliada à unidade na fé —, torna-se mais necessário voltar o olhar para as origens do cristianismo e reviver as circunstâncias que rodearam aqueles *trabalhadores da primeira hora*.

Não sem emoção o cristão dos nossos dias empreende essa tentativa de abeirar-se daqueles que pertenceram às gerações cronologicamente mais próximas de Cristo. Mas a principal razão que justifica esse tomar contato com a vida dos primeiros a encarnar a doutrina de Jesus é, não tanto o interesse puramente histórico e afetivo, ou mesmo especulativo, mas antes aquele que propõe Mons. Escrivá em sua conhecida obra *Caminho*: «Procura conhecer e imitar a vida dos discípulos de Jesus, que conviveram com Pedro e com Paulo e com João, e quase foram testemunhas da Morte e da Ressurreição do Mestre»[1].

Em duas palavras pode-se, pois, resumir o motivo pelo qual vale a pena deter-se a considerar o exemplo do primitivo cristianismo: *conhecer* e *imitar*.

EXPANSÃO UNIVERSAL DO CRISTIANISMO

O grão de mostarda

Os Apóstolos, depois de passarem por momentos duros, de desorientação e abatimento, ante o drama do Calvário — *ferirei o pastor e dispersar-se-ão as ovelhas* (Mc 14, 27) —, recuperaram totalmente a confiança porque uma verdade os confirmara na fé! Jesus tinha ressuscitado! E nos encontros que o Mestre tem com eles após a Ressurreição, explica-lhes a doutrina, esclarece pontos que até então lhes eram obscuros, desculpa-lhes as indecisões dos dias anteriores, e fortalece-os com a sua companhia.

Mas os dias passam, e chega o momento da partida. Jesus Cristo deixa-lhes então por testamento uma missão como nunca havia sido encomendada a ser humano algum: *Ide por todo o mundo e pregai o Evangelho a toda a criatura* (Mc 16, 11). O Senhor sobe aos céus, mas na terra ficam aqueles que hão de dar continuidade à propagação da Boa-nova.

Pouco tempo depois de ouvirem dos lábios de Cristo esse mandato, os Apóstolos recebem a ajuda divina necessária para levá-lo à prática: no dia de Pentecostes, o Espírito Santo desce sobre eles e lhes infunde, com seus dons, um novo vigor sobrenatural. Com esse auxílio sobrenatural, dá-se a primeira conversão numerosa às fileiras dos cristãos: *Naquele dia agregaram-se a eles umas três mil almas* (At 2, 41). Estava reunida ali toda a Igreja que, embora muito pequena, era o grão de mostarda que haveria de crescer como árvore frondosa em todo o mundo conhecido e por todos os séculos vindouros.

No começo, o trabalho de difusão do Evangelho, levado a cabo pelos Apóstolos e pelos cristãos seus contemporâneos, orientou-se principalmente para os que eram de raça e religião judaica; mas, cerca de dez anos após o mandato de Cristo, já havia transposto os limites do ambiente judaico, para alicerçar-se no mundo pagão.

Além dos relatos das viagens de São Paulo, que conhecemos pelos Atos dos Apóstolos, há textos antigos que referem, como um dado transmitido pela tradição, as regiões do mundo a que os Apóstolos se dirigiram: Pedro à Capadócia, Bitínia e por fim Roma; João à Ásia; Tomé à Pártia etc. Sejam ou não exatamente estas as regiões que ouviram a pregação dos doze Apóstolos, o fato é que estes se dispersaram pelos diversos pontos do orbe conhecido, como se tivessem repartido entre si o mundo inteiro, cuidando cada um da parte que lhe cabia na divulgação da mensagem de Cristo.

Comparar aqueles doze homens simples, ou mesmo o grupo reduzido de pessoas que viu o Senhor subir aos céus no dia da Ascensão, com o grupo de cristãos que há no ano 64 — a tal ponto numeroso que chega a justificar uma lei do Imperador exclusivamente dirigida a eles — faz saltar aos olhos que este crescimento rapidíssimo não pode ser considerado algo «normal», mas deve ser visto à luz da fé.

Pode-se dizer que, no espaço de um século, o Evangelho penetrou todos os centros vitais do Império Romano. Documentos não cristãos, e portanto isentos de qualquer suspeição, confirmam essa realidade. Plínio, que é romano, escreve ao Imperador Trajano, por volta do ano 110, que eram «muitos, de todas as idades, de toda a condição, de um e outro sexo» os que se diziam seguidores de Cristo, e que se podia encontrá-los «não só nas cidades, mas até nas aldeias e nos campos»[2].

Um século mais tarde, Tertuliano († 220) descreverá no seu estilo agressivo e vibrante a extensão e a profundidade da difusão do cristianismo: «Somos de ontem e já enchemos as vossas cidades, as vossas casas, as vossas praças, os vossos municípios, os conselhos, os campos, as tribos, as decúrias, o Palácio, o Senado e o Foro; não vos deixamos senão os vossos templos. Se nos separássemos de vós, ficaríeis aterrorizados com a vossa solidão!»[3]. Sem dúvida são palavras carregadas de ênfase literária, mas que deixam transparecer a incrível expansão inicial do cristianismo.

Para que esta se dê, a Providência divina serve-se tanto de circunstâncias humanas favoráveis como de fatores adversos.

Entre as circunstâncias favoráveis, pode-se mencionar principalmente a situação geográfica e histórica em que o cristianismo dá os primeiros passos. O Império Romano domina então grande parte do mundo conhecido. A própria Palestina — em que Jesus nasce, faz suas longas caminhadas e morre — é domínio romano. Esta grande unidade política, com um longo período de paz interna, com um incomparável sistema de estradas e uma unidade linguística (o grego e o latim), é uma condição externa que facilita a expansão do cristianismo.

Entre os fatores adversos, podem apontar-se as perseguições, que se dão praticamente desde os primeiros anos. A necessidade de encontrar um lugar onde se possa viver com liberdade a própria fé, leva os cristãos a se deslocarem até regiões muito distantes, que de outro modo só seriam evangelizadas bem mais tarde. Por outro lado, os martírios que marcam profundamente os primeiros séculos da era cristã foram o instrumento — por paradoxal que pareça — que haveria de dar fertilidade à sementeira evangélica.

Se o grão de trigo não morre

Uma comparação campestre empregada por Jesus — *se o grão de trigo, lançado na terra, não morrer, fica só; mas, se morrer, produz abundante fruto* (Jo 12, 24) — haveria de aplicar-se integralmente à semente do cristianismo. Para que chegasse a dar fruto generoso, era necessário que, à semelhança de Cristo, passasse pela etapa da morte.

As primeiras perseguições são de caráter exclusivamente religioso. Certos grupos de judeus, incomodados com as pregações de São Pedro e São João, pouco tempo após o Pentecostes, metem-nos na prisão porque haviam ficado *indignados por estarem eles a ensinar o povo e a anunciar, na pessoa de Jesus, a ressurreição dos mortos* (At 4, 2). Já então começavam a cumprir-se ao pé da letra as palavras do Senhor, tal como sugere a seguir o texto dos Atos dos Apóstolos: *Muitos, no entanto, dos que tinham ouvido o discurso creram, e o número dos fiéis elevou-se a uns cinco mil* (At 4, 4).

As perseguições não se limitariam, porém, ao âmbito de grupos religiosos que se opunham à Igreja nascente. Em pouco tempo, as próprias autoridades passariam a combatê-la, de modo mais ou menos sistemático, variando a intensidade da perseguição em função de quem estivesse à cabeça do Império em cada período ou das autoridades judiciais. Parece historicamente certo que já antes do ano 70 estava em vigor uma lei, ditada por Nero, cujo teor, breve e terrível, era: *Ut christiani non sint,* que não haja cristãos[4].

Para compreender — até onde seja possível compreender — esta perseguição contra os que procuravam aproximar as pessoas do verdadeiro Deus e viver fielmente o mandamento novo da caridade, é necessário ter em conta que, para os romanos, havia uma relação íntima entre religião e Estado; daí que exigissem de todos os povos conquistados o reconhecimento, ainda que não exclusivo, das divindades romanas e o culto ao Imperador. Mas os cristãos se apresentam com a convicção de que o seu Deus é o único verdadeiro, rejeitando qualquer outra divindade e recusando-se a participar nos cultos em uso no Império Romano.

O primeiro perseguidor dos cristãos, entre os Imperadores, é Nero. São Pedro e São Paulo são vítimas dessa perseguição. Como narra um texto do século V, apoiado em outros mais antigos, «imperando já Nero, Pedro veio a Roma e, tendo feito alguns milagres, por virtude do próprio Deus e pelo poder que lhe concedera, converteu muitos à justiça e levantou a Deus um templo fiel e firme. Tendo sido denunciado o fato a Nero, e percebendo este que não só em Roma, mas em toda a parte, uma grande multidão passava do culto dos ídolos à nova religião, lançou-se à destruição do templo celeste e a apagar a justiça. Assim, sendo o primeiro a perseguir os servos de Deus, cravou Pedro na cruz e decapitou Paulo»[5].

Durante três séculos o cristianismo será perseguido e fustigado pelas autoridades, apoiadas e muitas vezes instigadas pelo povo; mas, enquanto aquelas e este se empenham inutilmente em destruir a semente lançada por Cristo, escreve-se uma das mais belas páginas da história do cristianismo, redigida com o sangue dos mártires.

O procedimento que empregam na perseguição aos cristãos varia ao longo do tempo. A partir do final do século I e durante todo o século II, as perseguições não se dirigem aos cristãos como um todo, mas àqueles que são denunciados pelo crime de praticarem uma *religio illicita*. A primeira metade do século III foi de relativa paz para a Igreja de Cristo, mas os sessenta anos seguintes ficaram marcados pelas grandes perseguições de Décio (249-250), Valeriano (253-260) e, sobretudo, de

Diocleciano (284-305). Agora as autoridades já não se limitam a acolher as denúncias, mas vão em busca dos possíveis cristãos, no propósito de erradicar completamente a fé em Cristo.

Felizmente, conservam-se muitos dos testemunhos desses primeiros séculos, recopilados sob o título de *Atas dos mártires,* que recolhem de modo sóbrio mas vivíssimo o diálogo que se entabulava, por ocasião do processo jurídico, entre os representantes da justiça e os acusados.

Felicidade

Um dos exemplos mais notáveis, em meados do século II, é o de Santa Felicidade, nobre matrona romana, viúva, mãe de sete filhos e exemplar na vivência da fé.

Parece que, nos começos do império de Marco Aurélio (162), algumas pessoas próximas ao Imperador convencem-no de que não há modo de aplacar os deuses enquanto Felicidade não oferecer sacrifícios, junto com seus filhos. O Imperador ordena a Públio, o prefeito da Urbe, que convoque a mãe cristã e seus filhos.

Públio inicia o seu trabalho com palavras suaves, mas, diante da firmeza da acusada, passa a ameaçá-la com torturas. Felicidade responde:

— «Nem as tuas palavras doces bastarão para mudar-me, nem os teus terrores para apavorar-me, pois tenho comigo o Espírito Santo. Por isso estou certa de que, viva, hei de vencer-te, e, morta, derrotar-te-ei ainda melhor».

Públio diz-lhe:

— «Desgraçada, se para ti morrer é tão suave, deixa ao menos que vivam os teus filhos».

Felicidade responde:

— «Meus filhos viverão se não sacrificarem aos ídolos; mas, se cometessem tamanho crime, o seu paradeiro seria a perdição eterna».

No dia seguinte, Públio teve sessão no foro de Marte e mandou que lhe trouxessem Felicidade com seus filhos, e disse-lhe:

— «Tem compaixão dos teus filhos, jovens excelentes e na flor da idade».

Mas Felicidade, dirigindo-se aos filhos, diz-lhes:

— «Olhai para o céu, meus filhos, e levantai para o alto os vossos olhos: ali vos espera Cristo com seus anjos. Combatei por vossas almas e mostrai-vos fiéis ao amor de Cristo».

Ao ouvi-la falar assim, Públio mandou que a esbofeteassem, dizendo:

— «Na minha presença te atreves a aconselhar os teus filhos a desprezarem as ordens dos nossos senhores?»

A seguir interroga cada um dos filhos e todos manifestam a firme decisão de não sacrificar aos ídolos.

Depois de torturados, foram executados um após o outro, juntamente com Santa Felicidade[6].

Os mártires de Lião

Ressaltam pela sua crueldade as *Atas* dos martírios em Lião, no ano 178. Como afirma o próprio texto, «a perseguição foi de uma tal violência que nós não saberíamos encontrar as palavras necessárias para vos fazer uma descrição completa do que ocorreu».

Por ocasião da festa anual em volta do altar de Roma e Augusto, a população, excitada pela expectativa dos jogos e pelos falatórios próprios dos grandes ajuntamentos, maltratou e denunciou alguns cristãos, que as autoridades acabaram por prender. Instaurado o processo, a primeira vítima foi Pontino, o bispo da cidade, então com noventa anos. Quando o governador lhe perguntou qual era o Deus dos cristãos, respondeu-lhe:

— «Sabê-lo-ás quando fores digno disso». Tratado a pontapés e pancadas, ainda respirava quando o meteram na prisão, onde veio a falecer dias depois.

Dentre os inúmeros mártires citados — mais de cinquenta —, destacam-se São Vito, de família patrícia; Pôntico, um jovem de quinze anos, e Santo, que, ao ser interrogado pelos torturadores, «não lhes disse o nome, nem de que país vinha, nem a sua cidade natal, nem se era escravo ou livre, mas a todas as perguntas respondia em latim: "Sou cristão"».

Sob os aplausos ferozes da multidão, sucederam-se os flagelos e os suplícios mais refinados, como a cadeira de ferro que, posta ao rubro, grelhava tão bem o corpo que se espalhava pelo ar o odor de carne queimada.

Como custassem a morrer, foram conduzidos ao anfiteatro, onde «sofreram toda a sorte de tormentos, como se antes não tivessem sido torturados. Vieram as chicotadas, segundo os usos do país, os ferimentos das feras e tudo o que o povo delirante reclamava aos gritos provenientes de todos os lados».

No meio do anfiteatro, tinham pendurado num poste uma jovem escrava batizada, Blandina, de cuja firmeza os seus senhores, também cristãos, não estavam muito seguros. Quando iam entrando no anfiteatro, «vendo-a assim, como crucificada e orando em voz alta, os combatentes de Cristo sentiram-se mais corajosos», e, tendo resistido às novas torturas, acabaram por ser degolados.

Quanto a Blandina, que continuava a viver, meteram-na dentro de uma rede e lançaram-na ao touro. Atirada ao ar diversas vezes pelo animal e quase inanimada, respirava ainda. Por fim, foi também degolada. «E os próprios pagãos reconheceram que nunca tinham visto uma mulher sofrer tanto e tão bem».

Durante seis dias os corpos das vítimas «ficaram expostos em pleno ar e insultados de todas as maneiras. Em seguida queimaram-nos, e, quando foram reduzidos a cinzas, os ímpios as varreram e jogaram no Ródano, que corre ali perto, para não restar sobre a terra a menor relíquia dos mártires. Fazendo isso, os pagãos julgavam vencer a Deus e impedir os mortos de ressuscitar»[7].

Uma multidão

São inúmeros os casos desse testemunho impressionante de fé que deram os primeiros cristãos. Recordemos São Gens (303), um histrião que tem a ideia de pôr em cena, à custa do cristianismo, uma de suas farsas burlescas, na qual macaqueia os ritos cristãos, veste a túnica branca dos neófitos e se faz batizar entre risos e esgares; até que um dia se converte, faz-se batizar e morre torturado sobre a cena, confessando a fé, agora pela última vez e de verdade[8].

Ou os quarenta soldados mártires de Sebaste, na Armênia, que são expostos nus, em pleno inverno, num lago gelado. É admirável a oração que dirigem a Deus: «Quarenta entramos na batalha; quarenta coroas te pedimos, Senhor». E quando um deles fraqueja e desiste, é o próprio guarda que lhe toma o lugar[9].

É o bispo africano Félix que, intimado a entregar os livros sagrados, responde: «Prefiro ser queimado a deixar queimar as Sagradas Escrituras»[10].

É uma outra Felicidade, esta escrava, da cidade de Cartago, que é presa no oitavo mês de gravidez, e que reza para não ser separada dos companheiros à hora do suplício, visto a lei proibir que se desse morte a uma mulher enquanto estivesse nesse estado. Após três dias de orações, dá à luz uma menina. Como o parto fosse difícil e ela gemesse de dores, um guarda diz-lhe:

— «Se te queixas agora, que acontecerá quando estiveres diante das feras?», Felicidade responde:

— «Agora sou eu que sofro, mas depois Outro estará em mim, que por mim há de sofrer e eu sofrerei por Ele»[11].

São os médicos de origem árabe, Cosme e Damião, martirizados na Palestina, e Crisógono, que morre na Aquileia, e cujos nomes estão inscritos no Cânon romano (oração eucarística I).

O testemunho

Estes casos, e tantos outros relatados nas *Atas dos mártires*, impressionavam profundamente as pessoas alheias ou mesmo hostis à doutrina de Cristo e faziam-nas tomar consciência da falsidade das acusações levantadas contra os cristãos.

Um dos muitos que se converteram por essa firmeza inabalável na confissão da fé, e que depois chegaria por sua vez ao martírio, foi São Justino († 165): «Quando eu era discípulo de Platão, ao ouvir as acusações lançadas contra os cristãos, e vendo-os enfrentar a morte tão intrepidamente, inacessíveis ao medo de tudo aquilo que os homens temem, dizia a mim mesmo que era impossível que eles vivessem mal e no amor dos prazeres»[12].

Não se deve pensar que, para enfrentar essa maré de terror, estes homens e mulheres, jovens, adultos e anciãos, tivessem forças superiores às normais ou que estivessem numa espécie de estado hipnótico. Uma das características que ressaltam das *Atas dos mártires* é, pelo contrário, a simplicidade com que os cristãos falam do destino que os aguarda. Nas prisões, conversam sobre o seu fim, discutem as torturas que os esperam, este pergunta se o golpe do cutelo lhe doerá muito, aquele confessa que sente horror dos ursos e prefere ser trucidado pelas garras de um leopardo. Animam-se uns aos outros, trocam entre si o beijo da paz, unidos no sacrifício supremo de suas vidas.

Não há neles nenhuma atitude de presunção; pelo contrário, muitos textos insistem sobre a inutilidade e até sobre o perigo de gestos ostensivos. Na *Paixão de São Policarpo,* relata-se que apenas um dos cristãos presos se acovarda perante as feras: era exatamente aquele que, por livre vontade, se havia apresentado aos juízes e tinha arrastado os outros a imitá-lo. «É por isso — diz o texto — que nós censuramos aqueles que se entregam livremente aos tribunais; não é esse o espírito do Evangelho»[13].

Mas quando não têm alternativa, o testemunho surge límpido, calmo e sóbrio:

— Como te chamas?
— Cristão, isso basta.

Surpreende também que as *Atas* geralmente não «explorem» toda a atrocidade dos suplícios, em que parece não ter havido nenhum método que não se tivesse experimentado nos cristãos — a tal ponto que muitas vezes a decapitação pura e simples era considerada uma medida de clemência: «Serei humano — dizia às vezes o magistrado —, condeno-te apenas a que te cortem a cabeça»[14].

Mas raras vezes as *Atas* se detêm a descrever as reações de sofrimento ante os suplícios; pelo contrário, narram gestos que manifestam grandeza de ânimo, como o de São Cipriano, que manda entregar ao carrasco, depois da degolação, vinte moedas de ouro; ou a descontração de Sabina, que começa a rir ao presenciar uma discussão entre um companheiro, Piônio, e o magistrado:

— «Por que te ris?»

— «Rio-me — assim o quer Deus — porque somos cristãos»[15].

Sem dúvida, há os que, ante o perigo da tortura ou da morte, renegam a fé, mas com isso os romanos não ganham nada, porque com homens fracos jamais foi ganha uma batalha, e os próprios pagãos os insultam nos anfiteatros, chamando-os aos gritos «velhacos» e «sujos».

O cristianismo, por sua vez, não só não considera tais casos de apostasia como uma perda, mas, pelo contrário, sai fortalecido. É nesta época que se cunha a famosa frase: *sanguis martirum semen christianorum*, o sangue dos mártires é semente de cristãos[16].

Ao evocar esta página sangrenta da história da Igreja, não é possível deixar de recordar as palavras que São João registra no Apocalipse: *Depois disso vi uma multidão incalculável, de todas as nações, tribos, povos e línguas, de pé diante do trono e do Cordeiro, vestidos com roupas brancas e de palmas na mão... Um dos anciãos tomou a palavra e disse-me: «Esses vestidos de branco, quem são e donde vieram?»*

Respondi-lhe: «Meu senhor, tu o sabes!»

Disse-me: «São aqueles que vêm da grande tribulação; lavaram as suas vestes, branqueando-as no sangue do Cordeiro. Por isso estão diante do trono de Deus... Não terão mais fome nem sede, nem os molestará sol ou chama alguma, porque o Cordeiro, que está no meio, diante do Trono, será o seu pastor e os conduzirá às fontes da vida, e Deus enxugará todas as lágrimas de seus olhos» (Ap 7, 9-16).

A VIDA DOS PRIMEIROS CRISTÃOS

Os martírios são, sem sombra de dúvida, o que há de mais conhecido e de mais impressionante sobre os primeiros cristãos. O sangue de tantos e tantos, derramado por Cristo, é um exemplo inigualável em toda a história da humanidade.

Há, porém, o perigo de estereotipar o cristianismo primitivo, a ponto de praticamente identificar, nesses primeiros séculos, os conceitos de cristão e de mártir, ou de pensar que o único testemunho que realmente deram foi a entrega da vida em defesa da fé. É preciso ter em conta que a grande maioria dos cristãos tinha uma vida comum e morria de causas naturais*, e que era igualmente exemplar a sua vida cotidiana.

Deve-se fugir também do estereótipo que retrata o cristão primitivo como alguém que vivia a vida inteira refugiado nas catacumbas, qual ave noturna.

É de frisar que as catacumbas eram cemitérios, não esconderijos e menos ainda lugar de residência permanente dos cristãos. Se é verdade que muitas vezes servem de asilo momentâneo à Igreja nascente, se é verdade sobretudo que asseguram um abrigo ao culto cristão, seria absurdo fazer delas o único

---

(*) Alguns historiadores, baseando-se nos documentos que se possui, e fazendo um estudo aproximado, calculam que durante o império de Diocleciano, por exemplo, morreram mártires pelo menos 50.000 fiéis, e que na mesma época haveria ao redor de seis milhões de cristãos.

quadro da existência dos cristãos nos primeiros séculos da nossa era.

Ao reconstruirmos o seu modo de vida e o ambiente em que se desenvolviam, é muito mais realista retratá-los como gente normal, de vida normal, à luz do dia, no rumor das praças, no alegre aconchego familiar, no seu ambiente de trabalho e de descanso, participando das mesmas tarefas e anseios que seus concidadãos.

Num dos textos mais antigos da literatura cristã, a *Carta a Diogneto**, afirma-se: «Os cristãos não diferem dos demais homens nem pela terra, nem pela língua, nem pelos costumes. Não habitam em cidades próprias, não se distinguem por idiomas estranhos,

---

(*) A *Carta a Diogneto* é uma apologia do cristianismo em forma epistolar, dirigida a Diogneto; data aproximadamente do século II e seu autor é desconhecido.

não levam vida extraordinária... Mas, habitando, conforme a sorte de cada um, cidades gregas e bárbaras, é acompanhando os usos locais em matéria de roupa, alimentação e costumes que manifestam a admirável natureza da sua vida, a qual todos reputam extraordinária»[17].

A sua transformação era fundamentalmente interior.

Renascer para Cristo

Quando Nicodemos, uma figura de destaque na nação judaica, interroga Jesus Cristo sobre a sua doutrina, recebe uma resposta misteriosa sobre a necessidade de um «renascer» que o deixa perplexo. *Ninguém, se não nascer pela água e pelo Espírito* — diz-lhe o Mestre —, *pode entrar no reino de Deus* (Jo 3, 5). Mais tarde, antes da sua partida, Cristo instruirá os seus discípulos para que batizem todas as gentes, esclarecendo assim definitivamente o que era esse «renascer».

A partir dessa perspectiva compreende-se perfeitamente a importância radical de que se reveste o batismo desde o primeiro momento. Era a porta que dava acesso ao cristianismo e supunha, portanto, uma opção que marcaria profundamente a vida do batizado até o final dos seus dias. Interessa, pois, considerar a gênese que levava tantos a receber a ablução das águas batismais; saber, enfim, qual era o caminho que normalmente conduzia à conversão.

Pode-se afirmar que, na grande maioria dos casos, o primeiro contato com o cristianismo se dava de maneira espontânea, no convívio com outros que já haviam lido contagiados pelo fogo do amor de Cristo. O trabalho, o relacionamento social nas termas, no foro ou no merendo, as viagens, a própria família, eram os caminhos normais da propagação da semente cristã. Aristides (séc. II) relata como «aos escravos e escravas, bem como aos seus filhos — se os têm —, persuadem-nos a tornar-se cristãos em razão do amor que lhes dedicam, e, quando se tornam, chamam-nos indistintamente irmãos»[18].

O convívio, as relações de companheirismo e amizade eram, pois, veículo normal da mensagem cristã. É expressivo, a este respeito, um breve texto de Minúcia Félix (séc. III), relatando o caso de três jovens que iam caminhando de Roma a Óstia; Marco e Otávio eram cristãos, Cecília pagão. Já em Óstia, na praia, encontraram uma estátua do deus Serapis, e, em sinal de adoração, Cecília leva a mão aos lábios e envia um beijo à estátua. Otávio percebe o gesto e, mais tarde, recorda a Marco, com estas palavras de sabor clássico, a sua obrigação de orientar o amigo: «Não condiz com um nobre varão que abandones na cegueira da vulgar ignorância um homem que anda sempre junto a ti»[19].

Há outros, porém, que encontram a verdade depois de um longo esforço de procura. Assim ocorreu com São Justino, que na juventude frequentara a escola filosófica de um estoico; mas «nada aprendi a respeito de Deus. Aliás, nem ele sabia alguma coisa, nem julgava necessária essa ciência». Busca depois os ensinamentos de um peripatético, mas, ao ver que o que este desejava realmente era o seu dinheiro, «abandonei-o também, certo de que não podia ser filósofo».

Posteriormente, faz-se discípulo de um platônico e, começando a sentir um pouco mais próxima a verdade, decide retirar-se a um lugar solitário para refletir.

No seu retiro, encontra-se com um ancião que era cristão e que o esclarece sobre os temas da felicidade, da imortalidade da alma e sobre a Revelação feita por Deus. «Deixou-me o ancião, recomendando que continuasse por mim mesmo a pensar sobre o assunto. Nunca mais o vi, porém logo se acendeu um fogo em minha alma, penetrou-me um grande entusiasmo pelos profetas e pelos homens que são amigos de Cristo. Refletindo comigo mesmo sobre as palavras do ancião, percebi que eram a única filosofia segura e conveniente»[20].

Fosse qual fosse o caminho que levava à conversão, o fato é que em todos eles se nota a presença de um ou mais cristãos que deram a conhecer a doutrina de Cristo pelo seu exemplo de vida ou por uma palavra alentadora. Todos os batizados se consideravam transmissores da fé, desejosos de ser instrumentos para que outros encontrassem o verdadeiro caminho.

A essa finalidade se dirige a bela exortação de Inácio de Antioquia († 110): «Orai sem cessar pelos outros homens. Pois em relação a eles há esperança de conversão, de chegarem a Deus. Por isso, proporcionai-lhes a possibilidade de serem instruídos ao menos por vossas obras; às suas blasfêmias, oponde orações; aos seus erros, firmeza na fé; à sua ferocidade, docilidade»[21].

Dado o primeiro passo em direção à fé, restava ainda um outro antes do batismo — o catecumenato. Era o estágio preparatório para os que iam ser batizados adultos. Estendia-se por dois ou três anos, período em que se ensinavam as principais verdades da fé. Não se tratava, porém, de um aprendizado puramente teórico; durante esta temporada, têm de melhorar o seu comportamento pessoal, o relacionamento social e na família, atender os enfermos etc.

Um texto muito antigo, a *Didaqué* ou *Doutrina dos Doze Apóstolos,* redigido muito provavelmente no século II com material do século I, dá-nos uma ideia do que se ensinava aos catecúmenos: «Eis o caminho da vida. Primeiro mandamento: Amarás a Deus que te criou; depois amarás o teu próximo como a ti mesmo, e não farás aos outros o que não queres que te façam.

«O segundo mandamento da doutrina é este: não serás adúltero, mas não macularás rapazes; não cometerás fornicações, nem roubo, nem feitiços, nem encarceramento; não matarás crianças por aborto ou depois do seu nascimento; não desejarás os bens do próximo. Não serás perjuro nem levantarás falsos testemunhos; não murmurarás nem guardarás rancor. Não terás duas maneiras de pensar nem de falar, porque a duplicidade é cilada de morte; a tua palavra não será mentirosa nem vã, mas eficaz. Não serás avarento, nem inclinado à rapina, nem hipócrita, nem cruel, nem orgulhoso, nem alimentarás maus desígnios contra o teu semelhante. Não deves odiar ninguém, mas edificar uns, pedir por eles e, quanto aos outros, amá-los mais que a tua vida»[22].

Chegava por fim o momento do batismo, precedido por um severo jejum e longas orações. Além de se tratar de um sacramento, o que conferia especial destaque a esta cerimônia era a plena consciência que os batizandos tinham do compromisso e da responsabilidade que isso supunha. A esta nova situação correspondia a obrigação de uma exigência séria na vida cristã. «Eles viviam profundamente a sua vocação cristã; procuravam seriamente a perfeição... pelo fato, simples e sublime, do Batismo»[23]. Não necessitavam de nenhum outro título para se saberem chamados à plenitude da vida cristã.

Textos antiquíssimos descrevem como o batismo era normalmente administrado em rios, mares ou lagos; mas, onde isso não fosse possível, derramava-se água três vezes sobre a cabeça do batizando, dizendo os nomes das três Pessoas da Santíssima Trindade, tal como se faz até os nossos dias.

Pouco a pouco, dada a sua importância, o batismo vai-se revestindo de maior solenidade. No século IV, era administrado geralmente na véspera da Páscoa. O candidato era ungido com óleo, significando que se preparava para a luta como os atletas; recebia o *sphragis* (selo), o sinal da cruz na fronte, significando que pertencia a Cristo, e por fim era batizado. Como diz Teodoro de Mopsuéstia († 428), recolhendo a tradição, «esse sinal com que agora és marcado é o signo de que desde já tu és assinalado como familiar e soldado de Nosso Senhor, o Cristo»[24].

Um novo estilo de vida

Depois de lavados pelas águas batismais e introduzidos na Igreja, não estava ainda concluído o caminho; antes, pelo contrário, iniciava-se um novo estilo de vida que, em muitos casos, levava a situações drásticas de ruptura com o passado.

Rupturas interiores

Neste sentido, servem como ponto de partida umas palavras de São Justino: «Desde que cremos no Verbo, renunciamos ao culto dos demônios para unir-nos pelo Filho ao Deus único não gerado. Antes nos agradava a libertinagem, hoje a castidade... Amávamos e procurávamos mais do que todo o resto o dinheiro e os domínios, hoje pomos em comum tudo o que possuímos e o repartimos com os pobres. Dividiam-nos os ódios e homicídios, e a diferença de costumes e instituições não nos permitia receber o estranho no nosso lar; hoje, depois da vinda de Cristo, vivemos juntos, oramos pelos nossos inimigos, tratamos de conquistar os nossos perseguidores injustos, a fim de que sigam os preceitos sublimes de Cristo e possam esperar a mesma recompensa que nós, de Deus, o Senhor do mundo»[25].

A integridade do caráter, a ruptura com hábitos morais que destroem a pureza interior, numa palavra, um perfil humano irrepreensível são condições necessárias para trazer o nome de cristão. Dirigindo-se a uma pessoa que tinha interesse em conhecer o cristianismo, São Teófilo de Antioquia († 181) fala-lhe nos seguintes termos: «Se me dizes agora: "Mostra-me o teu

Deus", poderia responder-te: "Mostra-me o homem que és, e eu te mostrarei o Deus que é meu"».

Com uma comparação descreve o estilo de vida exigente que a conversão supunha: «Devemos ter a mente pura como um espelho diáfano. Se há ferrugem no espelho, não se divisa nele a face do homem; quando há uma falta no homem, também não pode ele ver a Deus. Mostra-te, pois, em pessoa: és ladrão, sensual, colérico, injuriador, invejoso, grosseiro, avarento? Assim tuas ofensas te mergulham nas trevas e não podes ver a Deus»[26].

Rupturas com o ambiente

A adesão à verdadeira fé supõe não só uma profunda mudança interior, que transforma o modo de encarar a vida e o comportamento, mas chega, em não poucos casos, a exigir a renúncia aos próprios meios de subsistência habituais, já que a maior parte dos campos de trabalho estavam intimamente relacionados com o culto das divindades pagãs e consequentemente vedados aos cristãos.

Entre as profissões que lhes ficavam interditas, Santo Hipólito († 235) enumera as de escultor ou pintor de ídolos, ator dramático (pela imoralidade de que se revestiam as peças), gladiador, juiz e governador (na medida em que exigia a participação nos cultos às divindades do Império), adivinho, astrólogo etc.[27]

Em muitas outras ocasiões, a conversão levava à ruptura dos próprios laços familiares. É comovente, neste sentido, o testemunho de Santa Perpétua, uma jovem romana «de estirpe nobre, instruída nas artes liberais, legitimamente casada, que tinha pai e mãe e dois irmãos, e uma criança pequena, tendo ela vinte e dois anos».

Perpétua estava então na fase do catecumenato, mas seu pai não sabia da sua decisão de abraçar o cristianismo. Havendo-se desencadeado uma perseguição ao redor do ano 200, foi levada ao cárcere juntamente com muitos outros fiéis. O pai, sendo de família nobre, irrita-se profundamente com a filha e quer dissuadi-la da sua decisão. É a própria Perpétua que nos transmite a sua história, nos relatos que redigiu antes de ser martirizada.

«Veio também da cidade meu pai, muito aborrecido, e aproximou-se de mim com o desejo de fazer-me tombar e disse-me:

— Compadece-te, minha filha, das minhas cãs, se é que eu mereço ser chamado por ti com o nome de pai... Olha para os teus irmãos; olha para a tua mãe e para a tua tia materna; olha para o teu filhinho, que não poderá sobreviver sem ti. Desiste dos teus projetos, não nos aniquiles a todos, pois nenhum de nós poderá falar livremente se te acontecer alguma coisa.

Eu sofria por causa de meu pai e tentei animá-lo, dizendo-lhe:

— No tribunal acontecerá o que Deus quiser».

Como o pai de Perpétua tinha conhecimento das leis que proscreviam o cristianismo, sabia que bastava à filha dizer, ainda que da boca para fora, que não era cristã, para ser libertada. E trava-se um novo diálogo entre ambos:

— «Pai disse-lhe —, o senhor está vendo, por exemplo, esse vaso que está ali no chão?

— Vejo — respondeu-me.

— Por acaso é possível dar-lhe outro nome diferente do que tem?

— Não — respondeu-me.

— Pois eu também não posso ser chamada com outro nome diferente do que tenho: cristã»[28].

Em todo esse relato nota-se a firmeza da jovem cristã em não ceder na fé, ainda que isso lhe custasse a separação do pai, da família e do próprio filho recém-nascido. Compreende perfeitamente a atitude do pai — *et ego dolebam*, e eu sofria, diz sobriamente a narração contida nas *Atas dos mártires* —, mas não cede nem um milímetro ante as exigências da fé.

Também no campo social a consciência dos compromissos derivados do batismo levava a uma ruptura com hábitos que já não condiziam com a nova condição de membro da Igreja. Tertuliano refere-se, por exemplo, ao fato de que em muitas ocasiões se sabia, ou pelo menos se intuía, que alguém se havia feito cristão quando deixava de assistir aos espetáculos, tão em voga na época, mas que por sua carnificina ou imoralidade eram inaceitáveis para os fiéis.

Outras fontes históricas mostram como os primeiros cristãos eram objeto das mais violentas calúnias. Por não participarem do culto aos deuses, acusavam-nos de «ateísmo», chegando muitos a propalar que adoravam um deus com cabeça de asno. Numa representação desses primeiros tempos, vê-se um asno crucificado e, por baixo, a inscrição: «Alaxemenos adora o seu deus». Talvez por falsas informações sobre a Eucaristia, afirmava-se que os cristãos participavam de reuniões secretas de canibalismo, em que se alimentavam do sangue de uma criança sacrificada.

Se os martírios se davam com mais violência em determinadas épocas, a agressão das calúnias era a oposição que os fiéis tinham de enfrentar diariamente. Além disso, como diz Tertuliano, eram considerados culpados de tudo: «Se o Tibre transborda, se o Nilo não inunda os campos, se o céu está carregado, se sobrevém uma fome, uma peste, uma guerra, só um grito se levanta: Cristãos às feras! À morte os cristãos!»[29].

Tudo isto leva a considerar como os cristãos tinham a ideia clara de que os compromissos batismais supunham um novo modo de vida, que exigia deles uma luta permanente consigo próprios e um remar contracorrente numa sociedade que se lhes opunha nos seus modos de pensar e de viver e na opinião pública.

É também Tertuliano quem sintetiza essa disposição resoluta em frase carregada de sentido e de advertência para todos os tempos futuros: *Fiunt, non nascuntur christiani* — os cristãos não nascem, fazem-se[30].

O centro da vida cristã

A vida do cristianismo primitivo tem por centro a Eucaristia. Na celebração da Santa Missa reúnem-se todos os fiéis, é pregada a doutrina de Cristo, são feitas as coletas para ajudar os pobres. O dia da semana escolhido de modo praticamente espontâneo para a renovação do sacrifício eucarístico é o domingo. A razão que motiva a escolha desse dia é a comemoração da ressurreição de Cristo, que se deu num domingo.

Desde o princípio eram frequentes as celebrações da Eucaristia. Os *Atos dos Apóstolos* falam de reuniões diárias, e Santo Inácio de Antioquia anima nesse sentido os fiéis de Éfeso: «Esforçai-vos, portanto, por vos reunirdes mais frequentemente, para celebrar a Eucaristia de Deus e o seu louvor. Pois, quando amiúde realizais reuniões litúrgicas, são aniquiladas as forças de Satanás e desfaz-se o seu malefício por vossa união na fé»[31].

O local em que se celebra habitualmente a Missa nos primeiros anos da pregação apostólica é a casa dos próprios cristãos. O grande respeito que têm por este ato de culto é o que explica que se reúnam para a celebração da Eucaristia com grande discrição, ocultando-a aos pagãos e inclusive aos catecúmenos, que se retiram após a leitura da palavra de Deus.

Esse respeito que devotam à Eucaristia deve-se à fé firme de que, sob as espécies sacramentais do pão e do vinho, está realmente presente o próprio Cristo, tal como testemunha São Cirilo de Jerusalém († 386) num texto belíssimo: «Em figura de pão é deveras o corpo que te é dado, e em figura de vinho o sangue, para que, participando do corpo e sangue de Cristo, te tornes concorpóreo e consanguíneo d'Ele. Passamos assim a ser *cristóforos,* isto é, portadores de Cristo, cujo corpo e sangue estão difundidos por nossos membros»[32].

Esta mesma fé moverá desde o início a receber o Corpo de Cristo depois de se estar batizado e sem ter consciência de pecado grave. A isso se refere a *Didaqué:* «Reunidos no dia do Senhor, parti o pão e dai graças, depois de primeiro terdes confessado os vossos pecados, a fim de que o vosso sacrifício seja puro»[33].

Algo que pode surpreender e alegrar o cristão de hoje é saber que, na sua estrutura essencial, a Missa permanece idêntica à dos primeiros séculos. Sendo uma cerimônia relativamente complexa (com diversas partes, com uma composição de orações etc.), é admirável que se tenha mantido de uma maneira tão íntegra ao longo dos séculos. Pode-se dizer que muitas das orações que os cristãos recitaram na Missa do domingo passado, foram recitadas de modo muito semelhante há aproximadamente cem mil domingos*.

Vida de oração

Perseveravam eles na doutrina dos Apóstolos, nas reuniões em comum, na fração do pão e nas orações (At 2, 42). Com estas palavras resume a Sagrada Escritura a vida de relação com Deus dos primeiros cristãos. Distinguem-se já aqui os dois tipos fundamentais de oração que perdurarão por todos os séculos: a oração coletiva e a oração individual.

Há testemunhos do século I que afirmam ser habitual, em certas regiões,

---

(*) Permanecem de maneira praticamente idêntica aos primeiros séculos as palavras da Consagração, a recitação do Credo ou Símbolo, do Pai-Nosso e de muitas orações, como por exemplo a que antecede o Prefácio: «O Senhor esteja convosco. Ele está no meio de nós. Corações ao alto...»

uma reunião diária no início da manhã, para recitar determinadas orações e pronunciar uma fórmula de fé em Cristo. Tais encontros para a oração dão-se em casa de um dos cristãos que tenha capacidade para acolher todos os que vêm das redondezas. Em outras ocasiões, no entanto, a reunião é somente doméstica: a oração feita em conjunto exclusivamente pelos membros da família — incluindo-se os escravos convertidos, cuja situação jurídica não impede uma plena integração no lar dos seus senhores cristãos (cf. Flm 1, 15-16) —, como meio de professar e fomentar a fé no próprio âmbito familiar.

No que se refere à oração individual, os cristãos seguem o hábito judaico de rezar mais solenemente a umas horas determinadas: a terceira, a sexta e a nona horas, que correspondem aproximadamente à metade da manhã, início da tarde e fim da tarde.

Além desse costume, a *Tradição Apostólica* de Hipólito († 235) faz referência também à oração no início do dia: «Que todos os fiéis, homens e mulheres, pela manhã, depois de afastarem o sono, antes de qualquer outra coisa, lavem as mãos, orem a Deus e vão depois às suas obrigações».

No mesmo texto ainda, recomenda-se a instrução através da leitura pessoal, quando não se possa participar da oração em comum: «Nos dias sem instrução, que cada um em sua casa tome um livro santo e faça uma leitura suficiente para o proveito da sua alma»[34].

No entanto, essas horas fixas dedicadas à prece não podem ser entendidas como se a oração dos cristãos se limitasse a elas. Muitos textos contemporâneos fazem notar que a oração deve ser contínua, como há de ser contínuo o sentido da presença de Deus na vida de um cristão:

«Fazemos de toda a nossa vida uma festa, persuadidos de que Deus está presente em toda a parte e de todas as maneiras, e de que o louvamos quando trabalhamos e lhe entoamos hinos quando navegamos. A nossa oração é, por assim dizer, uma conversa com Deus. Mesmo quando nos dirigimos a Ele em silêncio, ou apenas movendo os lábios, interiormente estamos a orar. Com a cabeça levantada, os braços erguidos ao Céu, continuamos, mesmo depois de terminada a prece oral, voltados para o universo espiritual, na ternura da nossa alma. Quer passeie, converse ou descanse, quer trabalhe ou leia, o cristão ora; e sozinho no reduto da sua alma, se medita, invoca o Pai com suspiros inefáveis e o Pai está próximo daquele que assim o invoca»[35].

O que ressalta deste belíssimo texto de Clemente de Alexandria é o fato de que os cristãos dos primeiros séculos convertem todas as situações do seu dia em ocasião de levantar o coração a Deus. Não sentem necessidade de rezar só no silêncio do templo: «Uma mulher que está ocupada na cozinha — diz São João Crisóstomo († 407) — ou cosendo uma peça de roupa, sempre pode levantar o pensamento ao céu e invocar o Senhor fervorosamente. Uma pessoa que vai até à praça ou que está viajando só, pode rezar com atenção. Outro que está numa adega, ocupado em coser uns odres de vinho, é livre de elevar a alma ao Senhor. Se o criado não pode ir à igreja, porque tem de ir às compras, ao mercado ou realizar outros misteres ou cozinhar, é livre de rezar atentamente e com ardor. Nenhum lugar é indecoroso para Deus»[36].

O trabalho não impede de elevar a alma a Deus, e a oração não distrai das tarefas que se estão realizando. Há a consciência profunda e viva da filiação divina, de que Deus é Pai, que acompanha e protege os seus filhos a todo o momento. Como diz São Cipriano († 258), «nem uma só hora pode o cristão passar sem adorar o seu Deus... Devemos rezar durante todo o dia. E, quando se apaga o sol e vêm as sombras da noite, não acontecerá nenhum mal aos que rezam; também durante a noite há luz para os filhos da luz. Como há de ser possível estar sem luz, quando se leva luz no coração? Como havemos de estar sem sol, se Cristo é para nós o sol?»[37].

E Clemente de Alexandria resumirá assim o sentido da filiação divina, como elemento distintivo do cristão: «Deus nos adotou e quer ser chamado Pai, Pai nosso, não dos que não creem»[38].

Homens de virtudes

O que torna chamativo e atraente o cristianismo primitivo, tanto para os homens da sua época como para nós, que o admiramos à distância, é que reclama uma identificação total entre doutrina e vida.

Não era apenas uma teoria mais que surgia, como as muitíssimas correntes filosóficas que pululavam então por toda a parte; tratava-se antes de uma doutrina vital e transformante. Com razão dirá Minúcia Félix que «não é a eloquência, mas a vida, o que há de grande em nós»[39]. E Santo Inácio de Antioquia: «É melhor calar-se e ser, do que falar e não ser»[40].

A doutrina contida nos Evangelhos não é, pois, algo que serve somente para a erudição ou como tema de conversa, mas que deve ser encarnado pelos batizados, tendo a imitação de Cristo por baliza dessa transformação da doutrina em vida: «Apressemo-
-nos, corramos, pois somos *retratos do*

Logos*, retratos que a Deus amam e se lhe assemelham»[41], dirá Clemente de Alexandria.

Cada ponto da doutrina de Cristo era uma chamada à «ascese» — à luta — pessoal. Por essa razão são tão frequentes nos textos de São Paulo as comparações da vida cristã com as competições esportivas de então: *Não sabeis que, dos que correm no estádio, todos correm, mas um só alcança o prêmio? Correi, pois, de tal modo que o ganheis. E quem se prepara para a luta abstém-se de tudo, e isso para alcançar uma coroa corruptível; porém nós, para alcançarmos uma incorruptível* (1 Cor 9, 24-25).

Exige-se do cristão um esforço análogo ao que era necessário aos atletas da época, que se submetiam a um

---

(*) O mesmo que *Verbo,* referindo-se a Jesus Cristo.

treinamento e preparação intensos, a uma rigorosa continência, à abstinência do vinho antes das provas, a simulações sangrentas para enfrentar os combates verdadeiros.

A vitória sobre os inimigos da alma supõe naqueles primeiros cristãos um sério empenho individual para alcançá-la. Eles serão chamados em diversos textos *os atletas de Cristo*.

Este espírito de luta era fruto da ideia clara que possuíam com respeito à santidade, um conceito que com o passar dos séculos perdeu, não raro, a força que tinha inicialmente, esvaziando-se de conteúdo ou passando a ser considerado como um ideal inatingível, que se reservaria para uns poucos: «Não pensavam assim os primeiros cristãos, que usavam o nome de santos para se chamarem entre si, com toda a naturalidade e com grande frequência: "Todos os santos vos saúdam, saudai a todos os santos em Cristo Jesus"»⁴².

Para alcançar essa meta alta, os cristãos da primeira hora dispõem-se a viver seriamente todas as virtudes, das quais algumas se destacam especialmente pelo seu enorme poder de atração.

O MANDAMENTO NOVO

Jesus Cristo, antes de ir-se embora, deixou aos seus discípulos um *mandamento novo* que os distinguiria dos demais homens: *Nisto conhecerão todos que sois meus discípulos, se tiverdes caridade uns para com os outros* (Jo 13, 35).

Este mandato não ficou sem cumprimento, como atesta Tertuliano: «Justamente esta prática do amor é o que, para alguns, nos marca a fogo mais do que qualquer outra coisa. Dizem de nós: "Vede como se amam".

Porque acontece que eles não sabem senão odiar-se... Enfurece-os também que nos chamemos irmãos...»[43]. Aqueles que conviviam com os cristãos descobriam que o relacionamento entre eles não era um mero formalismo ou puro equilíbrio de egoísmos, mas que, pelo contrário, se chamavam e se tratavam realmente como irmãos.

Essa caridade fraternal não é puramente teórica ou sentimental; demonstra-se acima de tudo, como vimos, pela preocupação que têm pela salvação da alma dos que estão ao seu lado, procurando contagiá-los com a fé de Cristo. E depois passa da alma à preocupação pela situação material do próximo.

Um dos primeiros apologistas, Aristides (séc. II), indica algumas das formas de que se revestia esta virtude: «Amam-se uns aos outros, não desprezam as viúvas e protegem o órfão de quem o trata com violência; e o que tem dá sem inveja ao que não tem (...). Se algum dos pobres passa deste mundo e alguém o sabe, encarrega-se, segundo as suas possibilidades, de lhe dar sepultura; e se conhecem um encarcerado ou oprimido por causa do nome de Cristo, todos estão solícitos da sua necessidade e, se é possível libertá-lo, o libertam».

O mesmo autor fala de outro exemplo comovente da caridade primitiva: «E se entre eles há alguém que é pobre ou está necessitado e eles não têm abundância de meios, jejuam dois ou três dias para obter o necessário para o sustento dos necessitados»[44].

Valoriza-se melhor essa atuação tendo presente a sociedade da época, tal como a descreve Clemente de Alexandria: «Abandonam as crianças concebidas em casa e cuidam de passarinhos... Não admitem um filho órfão e cuidam de um papagaio...

Fazem ostentação de riqueza. Seu cavalo, suas terras, seu escravo, seu ouro, valem três talentos. Eles valem três vinténs»[45].

Caridade com obras, esse é, em resumo, o conceito que os primeiros cristãos faziam dessa virtude. Atenágoras († 200), numa carta endereçada ao Imperador, em que procura explicar-lhe quem são e como se comportam realmente os cristãos, diz: «Entre nós é fácil achar gente simples, artesãos e velhinhas, que, se de palavra não são capazes de manifestar a sua religião, demonstram-na com as obras. Porque não aprendem as ideias de memória, mas as manifestam pelas ações boas: não ferir a quem os fere, não perseguir na justiça a quem os despoja, dar tudo o que se lhes pede, amar o próximo como a si mesmos»[46].

A correção fraterna, aconselhada pelo Mestre, é outro meio que a *Didaqué* indica como modo prático de os cristãos viverem a caridade entre si: «Corrigi-vos uns aos outros, não com ira mas com paz»[47].

Deste modo — no dizer de Daniel-Rops[48] — os princípios do Evangelho provocam a mais completa renovação numa sociedade dura, fria e rígida como a do Império Romano. A lei absoluta do amor que Cristo ensinou é a que transforma as relações dos homens e faz do cristianismo, que em nada é uma filosofia ou programa socioeconômico, o mais ativo dos fermentos sociais no mundo antigo: «Porque têm apenas um Pai, Deus — diz Tertuliano —, os crentes são verdadeiramente irmãos»[49]. A transformação dos quadros sociais do mundo antigo, com suas injustiças, procede de um espírito novo, que anima os homens *por dentro* e substitui as estruturas vigentes sem que se dê por isso, a modo de fermento, como dissera Cristo (cf. Mt 13, 33).

Vida de fé

Deve-se ressaltar, entre muitas outras virtudes, a vida de fé dos cristãos da primeira hora. Também aqui se põe o acento, não apenas em preservar fielmente o depósito das verdades do Evangelho, mas em fazer com que impregne toda a atuação.

Que é senão a fé que justifica a alegria no martírio de tantos e tantos, como no caso de São Flaviano (séc. III), que, ante a pena capital, diz à própria mãe ser isso «motivo antes para alegrar-se do que para entristecer-se»[50]? Que é senão a fé que explica o desprendimento dos bens materiais que transparece nos *Atos dos Apóstolos* (2, 44), quando diz que «tinham tudo em comum»? Onde senão na fé se encontra o fundamento da serenidade e firmeza com que enfrentam as calúnias que circulavam, ou o desdém que, segundo Tertuliano, levava a dizer deles: «é um homem honrado; só é pena que seja cristão»[51]?

Demonstração clara de fé é o modo confiante com que se há de pedir a Deus, tal como diz o antiquíssimo texto do *Pastor** de Hermas: «De nenhuma das tuas petições te verás defraudado, contanto que peças ao Senhor sem vacilação. Mas, se vacilares no teu coração, nenhuma das tuas petições se verá cumprida. Porque os que vacilam de Deus são duplos de alma e não obtêm absolutamente nada daquilo que pedem. Os inteiros de fé, no entanto, pedem tudo com confiança no Senhor e o alcançam,

---

(*) O *Pastor* é um famoso texto de cunho moral e simbólico, escrito entre os anos 150 e 160 por Hermas, pequeno proprietário agrícola de Roma.

porque pedem sem vacilar, sem permitir dúvida alguma»[52].

A fé tem como fruto principal a fidelidade, e é esta que caracteriza na literatura do primitivo cristianismo a essência do testemunho que dá o mártir: «Toda a alma que obedece aos mandamentos com essa vida e conversação é mártir, isto é, testemunha, seja qual for o modo como se separa do corpo»[53]. Desta doutrina precisa e límpida se fará eco S. Jerônimo († 420), logo que tiverem cessado as perseguições: «Tua mãe foi coroada com um longo martírio. Não só a efusão do sangue é considerada como martírio, mas a cotidiana fidelidade da alma»[54].

PUREZA

Outra virtude que se destaca no cristianismo nascente, em contraste violento com o ambiente pagão, é a castidade. Assim o testemunha São

Teófilo de Antioquia: «Em oposição com os pagãos, acha-se entre os cristãos o domínio de si próprio, é exercitada a continência, observada a monogamia, difundida a castidade, eliminada a injustiça, apagado o pecado até às raízes»[55].

É bastante conhecido o texto de Galeno († 200), médico afamado da época imperial, em que deixa extravasar a sua admiração pela atitude dos cristãos, afirmando que «estes fazem coisas que não desdizem de qualquer verdadeiro filósofo. Pois o modo como desprezam a morte é algo que temos diante dos nossos próprios olhos, e como, da mesma forma, levados pelo pudor, se abstêm do uso do venéreo. Há entre eles homens e mulheres que se abstêm por toda a vida de qualquer união sexual, e aqueles que, na direção e domínio das suas paixões, e no mais duro empenho da virtude progridem tanto, que em nada ficam atrás dos que professam de verdade a filosofia»[56].

A conversão ao cristianismo supunha, em muitos casos, uma mudança radical de hábitos no que se refere à castidade. Como afirma São Justino, existia uma «multidão incontável dos que se converteram da vida dissoluta e aprenderam esta doutrina, pois não veio Cristo para chamar à penitência os justos nem os castos, mas os ímpios, os intemperados e os iníquos».

O mesmo autor fala de que os cristãos viviam a pureza dentro do seu estado, fosse este o matrimônio ou o celibato: «Nós ou nos casamos desde o princípio somente pelo fim da geração dos filhos, ou, se renunciamos ao matrimônio, permanecemos absolutamente castos»[57].

E Clemente de Alexandria, vivendo numa das cidades mais importantes do Império, com quase um milhão de habitantes, protestará de maneira veementemente contra um mal que não é só dos nossos dias: «Para ocultar a fornicação, usam remédios mortais que acarretam a ruína total, tanto do feto como do amor aos homens»[58].

Que esta virtude era algo que distinguia os cristãos, atesta-o o caso do mártir Sereno († 307), um jardineiro que certa vez vê entrar na sua horta, a uma hora inconveniente, uma senhora casada que pertencia à nobreza romana. Manda-a embora e acaba sendo acusado de ultrajar uma pessoa de condição social elevada. É significativo o raciocínio com que o juiz chega a concluir que o jardineiro era cristão:

— «Este homem, a quem não pareceu bem que uma mulher entrasse em seu jardim a uma hora inconveniente, *tem de Ser cristão*». E faz a pergunta fatal:

— «A que religião pertences?»
— «Eu sou cristão», responde o jardineiro.

E por esta resposta foi condenado à morte e degolado[59].

Desprendimento

O cristianismo dá os seus primeiros passos principalmente entre as classes sociais menos favorecidas; entre a gente simples da cidade ou do campo, entre os soldados e os escravos. Minúcio Félix atesta este fato esclarecendo, no entanto, que isto não é algo negativo para o cristianismo, antes pelo contrário: «Diz-se que a maior parte de nós somos pobres. Isto não é uma vergonha, mas antes constitui a nossa glória, pois o espírito se rebaixa com o luxo e se robustece com a frugalidade... Assim como o viajante caminha mais tranquilo quando vai menos carregado, igualmente é mais feliz neste caminho da vida o pobre livre de embaraços que o rico esmagado pelo peso da riqueza»[60].

Se a maioria dos cristãos era de condição modesta, não se pode pensar, no entanto, que a doutrina de Cristo não houvesse sido acolhida entre as classes sociais mais cultas ou mais abastadas. Já São Paulo, em uma de suas epístolas, saúda os da *casa de César* (Fl 4, 22). E Tertuliano, contemporâneo de Minúcio Félix, recolhe uma crítica feita ao cristianismo, dizendo irritar os pagãos o fato de se converterem «pessoas de toda a condição, inclusive da nobreza»[61]. São conhecidos os martírios do cônsul Flávio Clemente e de sua esposa Flávia Domitila, que o Imperador Domiciano mandou degolar no ano 95, não obstante serem seus primos, e de Glabrião, que exercera a magistratura com Trajano († 91) e a cuja família pertencia o mais antigo cemitério dos cristãos, na via Salária.

Clemente de Alexandria ocupa-se de comentar a passagem em que Cristo afirma que os ricos dificilmente se salvarão, para esclarecer que se trata não tanto de analisar a riqueza em termos quantitativos, mas de viver a virtude da pobreza e do despojamento. Para esclarecer esse raciocínio, utiliza-se de exemplos elucidativos. Compara os bens materiais ao instrumento que pode ser usado para o bem ou para o mal, estando a bondade ou maldade não tanto no instrumento, mas no uso que dele se faz. Traz ainda a imagem da pessoa que é bela, mas vive bem a castidade, enquanto outra que é feia pode vivê-la mal. Ou da pessoa mirrada que se irrita com qualquer ofensa, enquanto outra mais robusta sabe suportá-las pacientemente. E conclui: «De modo semelhante, um pobre sem meios de vida pode achar-se ébrio de concupiscências; e alguém que seja materialmente rico pode ser sóbrio e pobre de prazeres, obediente, discreto, puro e mortificado»[62]. A questão não reside tanto em ter ou não ter, mas no uso que se faz daquilo que se tem.

Permanece, pois, vivo o alerta feito pelo Senhor sobre o perigo do espírito de riqueza, e é nesse sentido que se devem interpretar as palavras da antiquíssima *Didaqué:* «Não sejas avarento ou cobiçoso da fama, pois tudo isso origina o roubo». Insiste não só sobre o perigo de desejar excessivamente os bens materiais, mas adverte também sobre a necessidade de se estar desprendido dos bens que se possuem, «não considerando nada como teu, pois, se divides os bens da imortalidade, quanto mais deves fazê-lo com os corruptíveis»[63].

Quer haja maior ou menor escassez de meios materiais, os primeiros cristãos se sobressaem por saber viver alegremente no meio das incomodidades; uma realidade magistralmente sintetizada na *Carta a Diogneto:* «Tudo lhes falta e têm abundância de tudo». Dando aos bens materiais a importância relativa que possuem, põem todo o seu coração e todas as suas forças naqueles bens que se relacionam com a vida eterna.

Essa atitude serena de liberdade interior apoia-se numa profunda confiança em Deus, que não se esquece daqueles que n'Ele creem e «quis que confiássemos em sua bondade e o tivéssemos por nutrício, pai, mestre, conselheiro, médico, mente, luz, honra, glória, força, vida, e que não nos inquietássemos por causa da veste e do alimento»[64].

Vida de trabalho

Seria uma visão totalmente equívoca considerar a vida cristã no início da nossa era à margem da sua *vida de trabalho*. Tertuliano afirma taxativamente, ao final do século II, que «nós, os cristãos, não vivemos à margem do mundo. Frequentamos o Foro, os balneários, as oficinas, as lojas, os mercados e as praças públicas. Somos marinheiros, soldados, agricultores e negociantes»[65]. É um eco do que escrevia São Paulo: *Cada um permaneça na vocação a que foi chamado* (1 Cor 7, 20).

Não há, pois, no cristianismo primitivo um isolamento com relação ao mundo do trabalho, mas antes este adquire uma nova dimensão: é ocasião de exercer os valores morais, de entrar em contato com os demais cidadãos e de procurar aproximá-los da fé, e pode transformar-se em oração na medida em que é feito em consciência e diante de Deus.

Dessa íntima união entre a oração e o trabalho fala Clemente de Alexandria:

«És lavrador? Cultiva a terra, mas cultivando-a confessa a Deus. Gostas de navegar? Navega, mas ora ao piloto celeste. Eras soldado quando a fé cristã te cativou? Escuta o chefe cuja senha é a justiça»[66].

Os primeiros cristãos tiveram muito presente o testemunho de Cristo com a sua vida de trabalho, já que — como diz São Justino — «Ele mesmo foi considerado como carpinteiro, e fabricou obras deste ofício — arados e jugos — enquanto estava entre os homens, ensinando por elas os símbolos da justiça e o que é uma vida de trabalho»[67].

Uma prova de que esta ideia está clara desde o início — ao ponto de servir de distintivo entre os cristãos e os falsos irmãos — é um texto da *Didaqué* que se refere ao modo de acolher o viajante: «Ajudai-o quanto possível. Não permaneça convosco senão dois ou, se for necessário, três dias. Se quiser estabelecer-se convosco, tendo uma profissão, então trabalhe para seu sustento. Mas, se não tiver profissão, procedei conforme o vosso juízo, de modo a não deixar nenhum cristão ocioso entre vós»[68].

Esta valorização do espírito de trabalho ganha maior força quando se tem presente à época, em que, tanto para a mentalidade romana como para a grega, o trabalho — e mais particularmente o trabalho braçal — era considerado como uma desonra. A tal ponto chegava esse desprezo, que pertencer às classes sociais elevadas e ter uma profissão determinada era algo pouco comum. Os ricos limitavam-se ao estritamente necessário para gerir seus negócios, empregando grande parte do seu tempo em prolongadas conversas nas termas e nos foros, ou em festas e espetáculos públicos.

Por contraste, Hegesipo (séc. II) narra um fato que reflete a ética do trabalho nos cristãos da época. Segundo ele, o imperador Domiciano quis conhecer uns descendentes da família do Apóstolo São Judas Tadeu (parente de Jesus), que ainda viviam na Judeia. O Imperador perguntou-lhes quais os bens que possuíam, e eles «mostraram as mãos, apresentando como testemunho do seu trabalho a pele curtida e os calos que o manuseio contínuo da enxada havia produzido nelas»[69].

Algumas representações cinematográficas ou literárias sobre o cristianismo nascente, ao retratarem os primeiros fiéis como pessoas que passavam todo o dia em orações, ou vivendo da esmola alheia, desfiguram a vida daqueles que foram trabalhadores, e trabalhadores sérios. Em uma lápide funerária redigida por pessoa desconhecida, como elogio à sua mãe, encontra-se uma frase que é significativa a este respeito: «Permaneceu viúva durante sessenta anos e nunca deu despesas à Igreja»*.

A esperança do eterno

Se Pedro foi a *pedra* sobre a qual Cristo havia de edificar a sua Igreja, os primeiros cristãos, juntamente com os outros Apóstolos, foram também alicerce firme para que o edifício da Igreja pudesse erguer-se seguro para sempre. Aqueles que beberam diretamente da fonte da doutrina ensinada por

---

(*) Tenha-se presente que na época as viúvas, órfãos, inválidos etc. não tinham nenhuma garantia de subsistência por parte das autoridades civis. A Igreja assumiu essa tarefa desde o início, como exercício da caridade cristã. Ressalta assim o valor da pessoa a que se refere o texto que por mais de sessenta anos quis valer-se por si própria no sustento da sua família.

Cristo ou pelos Apóstolos, encarnaram-na plenamente e ficaram como exemplo para todas as demais gerações.

Ao buscar a explicação para tão grande firmeza, encontrar-se-á a resposta na profunda consciência que todos os cristãos tinham, como fruto da graça derramada pelo Espírito Santo, de que a autêntica vida é a eterna.

Só a esperança do eterno explica uma expressão surgida com o início dos martírios: o «*dies natalis*», o dia natalício ou de nascimento, que era o dia de aniversário da passagem do mártir à mansão eterna.

Só à luz da esperança se compreende de maneira completa a alegria com que os mártires se dirigiam aos tormentos que lhes dariam a morte.

Entre as inúmeras palavras ilustrativas dessa presença do eterno que os impulsiona, podem-se salientar as de um sacerdote do século III, nas *Atas dos mártires*, pouco antes de ser crucificado: «A causa que me leva à morte é desejar que todo o povo saiba que há uma ressurreição depois da morte»[70]. Outro exemplo comovente é o de Perpétua, que, levada à arena para ser martirizada, foi lançada ao ar pelos chifres de um touro. Ao cair ao chão, seus cabelos se desmancharam, mas ela fez questão de prendê-los novamente, porque, como afirma o narrador que foi testemunha ocular, «não era decente que uma mártir sofresse descomposta, para não dar aparência de luto no momento da sua glória»[71].

A esperança explica não só a morte, mas fundamentalmente a *vida* dos primeiros cristãos. Como afirma a *Carta a Diogneto*, «esperam sobre a terra, mas caminham para o céu ...; moram no passageiro, mas esperam o imperecedouro do céu»[72]. O fato de que a sua morada definitiva seja a eterna não os afasta da terra, mas leva-os a viver o presente com outro sentido.

Em poucas palavras São Teófilo de Antioquia resume as suas vidas, nessa unidade entre o humano e o divino, na tensão entre o presente e o futuro: «A graça os conserva, a paz de Deus os defende, a palavra sagrada os guia, a sabedoria os ensina, a vida eterna os dirige»[73].

NOTAS

(1) Josemaria Escrivá, *Caminho*, 11ª ed., Quadrante, São Paulo, 2016, n. 925; (2) Plínio, *Epist.*, 10, 97; (3) Tertuliano, *Apolog.*, 37; (4) cf. Tertuliano, *Apolog.*, 2, 3; (5) Eusébio de Cesareia, *Hist. Eccl.*, 3, 1; (6) Ruiz Bueno, *Actas de los mártires*, BAC n. 75, Madri, 1968, p. 288 e segs.; (7) *ibid.*, pp. 327 e segs.; (8) cf. Daniel-Rops, *História da Igreja de Cristo*, vol. I, Tavares Martins, Porto, 1960, p. 482; (9) cf. Basílio (PG 31, 508); (10) Ruiz Bueno, *op. cit.*, p. 961; (11) *Passio Perpetuae*, 15; (12) Justino, *Apolog.*, 2, 12; (13) Eusébio de Cesareia, *Hist. Eccl.*, 4, 1-3; (14) cf. Daniel-Rops, *op. cit.*, p. 438; (15) Ruiz Bueno, *op. cit.*, p. 621; (16) Tertuliano, *Apolog.*, 50; (17) *Carta a Diogneto*, 5, 1-4; (18) Aristides de Atenas, *Apolog.*, 29; (19) Minúcio Félix, *Octavius*, 2, 4; (20) Justino, *Diálogo com Trifão*, 2-8; (21) Inácio de Antioquia, *Carta aos Efésios*, 10, 2; (22) *Didaqué*, l-2; (23) Josemaria Escrivá, *Entrevistas com Mons. Josemaria Escrivá*, 3ª ed., Quadrante, São Paulo, 2016, n. 24; (24) Teodoro de Mopsuéstia, *Homilias catequéticas*,

13; (25) Justino, *Apolog.*, 14; (26) Teófilo de Antioquia, *Ad Autol.*, I. 2; (27) cf. Daniel-Rops, *op. cit.*, p. 234; (28) *Passio Perpetuae*, 3; (29) Tertuliano, *Apolog.*, 28; (30) *ibid.*, 18, 4; (31) Inácio de Antioquia, *Carta aos Efésios*, 10, 1-3; (32) Cirilo de Jerusalém, *Cateq. mist.*, 4, 3; (33) *Didaqué*, 14, I; (34) Hipólito, *Tradição Apostólica*, 3, 30; (35) Clemente de Alexandria, *Estromat.*, 7, 7; (36) João Crisóstomo, *In Anna prophet. hom.*, 3, 6; (37) Cipriano, *De orat. dom.*, 35; (38) Clemente de Alexandria, *Protréptico*, 12; (39) Minúcio Félix, *Octavius*, 38; (40) Inácio de Antioquia, *Carta aos Efésios*, 15, 1; (41) Clemente de Alexandria, *Protréptico*, 12; (42) Josemaria Escrivá, *É Cristo que passa*, 4ª ed., Quadrante, São Paulo, 2014, n. 96; (43) Tertuliano, *Apolog.*, 39, 9; (44) Aristides, *Apolog.*, 15; (45) Clemente de Alexandria, *Pedag.*, 3, 4-6; (46) Atenágoras, *Legal. pro Christ.*, 11; (47) *Didaqué*, 15, 3; (48) cf. Daniel-Rops, *op. cit.*, p. 269; (49) Tertuliano, citado em D. Rops, *op. cit.*, p. 269; (50) Ruiz Bueno, *op. cit.*, p. 816; (51) Tertuliano, *Apolog.*, 39; (52) Hermas, *Pastor*, mand. 9, 5-6; (53) Clemente de Alexandria, *Estromat.*, 4, 21; (54) Jerônimo, *Carta*, 103, 31; (55) Teófilo de Antioquia, *Ad Auto*, 3, 15; (56) citado em Ruiz Bueno, *op. cit.*, p. 155; (57) Justino, *Apolog.*, 2, 10; (58) Clemente de Alexandria, *Pedag.*, 2, 10; (59) Ruiz Bueno, *op. cit.*, pp. 172 e segs.; (60) Minúcio Félix, *Octavius*, 14; (61) Tertuliano, *Apolog.* 1, 7; (62) Clemente de

Alexandria, *Quis dives*, 18; (63) *Didaqué*, 3, 5 e 4, 8; (64) *Carta a Diogneto*, 5, 13 e 9, 6; (65) Tertuliano, *Apolog.*, 42, 1-4; (66) Clemente de Alexandria, *Estromat.*, 7, 7; (67) Justino, *Diálogo com Trifão*, 88, 8; (68) *Didaqué*, 12, 4-5; (69) Este fato é relatado por Eusébio de Cesareia, *Hist. Eccl.*, 3, 19-20; (70) Ruiz Bueno, *op. cit.*, p. 638; (71) *Passio Perpetuae*, 20; (72) *Carta a Diogneto*, 6, 7-8; (73) Teófilo de Antioquia, *Ad. Auto*, 3, 15.

Direção geral
Renata Ferlin Sugai

Direção editorial
Hugo Langone

Produção editorial
Juliana Amato
Gabriela Haeitmann
Ronaldo Vasconcelos
Roberto Martins

Capa
Provazi Design

Diagramação
Sérgio Ramalho

ESTE LIVRO ACABOU DE SE IMPRIMIR
A 28 DE JANEIRO DE 2024,
EM PAPEL OFFSET 90 g/m².